Cartes d'Étude

pour servir

à l'Enseignement de la Géog[illegible]

EUROPE

31 Cartes et 133 Cartons

Troisième [illegible]

[illegible]on et Cie, Éditeurs

CARTES D'ÉTUDE

POUR SERVIR A

L'ENSEIGNEMENT DE LA GÉOGRAPHIE

PAR MM.

MARCEL DUBOIS

PROFESSEUR DE GÉOGRAPHIE COLONIALE A LA FACULTÉ DES LETTRES DE PARIS
MAITRE DE CONFÉRENCES A L'ÉCOLE NORMALE SUPÉRIEURE DE JEUNES FILLES DE SÈVRES

et

E. SIEURIN

PROFESSEUR DE GÉOGRAPHIE AU COLLÈGE DE MELUN

EUROPE

31 CARTES ET 133 CARTONS

TROISIÈME ÉDITION

AVEC DEUX CARTES NOUVELLES

PARIS

MASSON ET CIE, ÉDITEURS

120, BOULEVARD SAINT-GERMAIN

1898

Les **CARTES D'ÉTUDE** forment trois parties :

Première partie :

La France : 40 feuilles (240 cartes et cartons dont voici le détail) :

1. Situation de la France dans le monde. — 2. France géologique. — 3. France orographique. — 4. Les Alpes. — 5. Principaux passages des Alpes. — 6. Le Jura, les Vosges et le Morvan. — 7. Massif central. — 8. Les Pyrénées. — 9. Régions climatériques, pluies, lignes isothermes. — 10. France hydrographique. — 11. Tributaires de la mer du Nord, la Seine et ses affluents. — 12. La Loire et ses affluents. Les fleuves bretons. — 13. La Garonne et ses affluents. L'Adour. — 14. Le Rhône et ses affluents. Les fleuves côtiers méditerranéens. — 15. France limnologique. — 16, 17, 18, 19. La côte française. — 20. France économique. — 21. France économique (*Suite*). — 22. Chemins de fer. — 23. Canaux et voies navigables. — 24. France historique. Carte d'ensemble. — 25. France politique. Départements et anciennes provinces. — 26. France politique. Ire région. — 27. IIe région. — 28. IIIe, IVe régions. — 29. Ve, VIe régions. — 30. VIIe région. — 31. VIIIe région. — 32. France administrative. — 33. France universitaire. — 34. Défense du territoire. Frontière belge et frontière allemande. — 35. Défense du territoire. Frontière des Alpes et frontière des Pyrénées. — 36. Maroc, Algérie-Tunisie (carte physique et carte politique). — 37. Zone saharienne réservée à l'influence française, Soudan français (carte physique). Sénégal, Rivières du sud, Côtes de Guinée, Pays du Niger, Sénégal et Soudan français (carte physique), Gabon et Congo français. — 38. Madagascar. Possessions françaises de l'Indo-Chine. Tonkin, Cochinchine. — 39. La Guyane française. Terre-Neuve, St-Pierre et Miquelon, Martinique, Guadeloupe. Nouvelle-Calédonie, Autres Colonies de l'Océanie. — 40. Madagascar.

1 vol. in-4, cartonné, dos vert, 4e édition **1 80**

Deuxième partie :

L'Europe : 31 feuilles (133 cartes et cartons) :

1. Situation de l'Europe dans le monde. — 2. Europe géologique (carte d'ensemble). — 3. Europe physique (carte d'ensemble). — 4. Europe climatérique. — 5. Europe ethnographique. — 6. Europe politique (carte d'ensemble). — 7. La Méditerranée. — 8. Les Alpes. — 9. Le Rhin. — 10. Le Danube. — 11. Iles Britanniques (carte d'ensemble). — 12. Iles Britanniques (carte physique). — 13. Belgique et Hollande. — 14. Belgique et Hollande (carte politique). — 15. Scandinavie (carte physique). — 16. Scandinavie (carte politique). — 17. Russie physique. — 18. Russie politique et économique. — 19. Autriche-Hongrie (carte physique). — 20. Autriche-Hongrie (carte politique). — 21. Allemagne physique. — 22. Allemagne politique. — 23. Suisse physique. — 24. Suisse politique. — 25. Espagne et Portugal (carte physique). — 26. Espagne et Portugal (carte politique). — 27. Italie physique. — 28. Italie politique. — 29. Péninsule des Balkans (carte physique). — 30. Péninsule des Balkans (carte politique). — 31. La Grèce.

1 vol. in-4, cartonné, dos bistre, 3e édition.. **1 80**

Troisième partie :

Géographie générale: Asie, Océanie, Afrique, Amérique : 50 feuilles (250 cartes et cartons) :

1 et 2. Notions de cosmographie. — 3. Les mers. — 4. Les continents. — 5. Le relief terrestre. — 6. Les eaux douces (fleuves-lacs). — 7. Les côtes. — 8 et 9. L'atmosphère. — 10. Principales productions du sol. — 11. Ethnographie. — 12. Asie physique. — 13. Asie politique. — 14. Siberie, Turkestan. — 15. Iran, Arménie, pays du Caucase. — 16. Asie-Mineure. — 17. Mésopotamie, Syrie, Arabie. — 18. Inde physique. — 19. Inde politique et économique. — 20. Asie centrale. — 21. Chine. — 22. Indo-Chine. — 23. Japon et Corée. — 24. Océanie (carte générale). Nouvelle-Zélande et Nouvelle-Guinée. — 25. Australie. — 26. Indes Néerlandaises, Philippines. — 27. Polynésie. — 28. Afrique physique. — 29. Afrique politique. — 30. Maroc, Algérie, Tunisie. — 31. Côte tripolitaine, Cyrénaïque, Sahara. — 32. Égypte, Nubie, Abyssinie. — 33. Soudan. — 34. Afrique équatoriale. — 35. Afrique équatoriale (*Suite*). — 36. Afrique australe (carte physique). — 37. Afrique australe (carte politique) et Afrique insulaire. — 38. Amérique physique. — 39. Canada. — 40. États-Unis (physique). — 41. États-Unis (politique et économique). — 42. Mexique et Amérique centrale (physique). — 43. Mexique et Amérique centrale (politique). — 44. Les Antilles. — 45. Amérique du Sud (politique). — 46. Colombie, Venezuela, Guyanes. — 47. Equateur, Pérou, Bolivie. — 48. Brésil. — 49. République Argentine. — 50. Grandes voies de communication du globe.

1 vol. in-4, cartonné, dos bleu, 3e édition.. **2 50**

Elles sont en outre vendues reliées en un volume. Prix.. **6 fr.**

1155-98. — Corbeil. Imprimerie Éd. Crété

L'EUROPE

DÉTAIL DES CARTES ET DES CARTONS

N° 1. — Situation de l'Europe dans le monde.

N° 2. — Europe géologique (**carte d'ensemble**).

N° 3. — Europe physique (**carte d'ensemble**).

N° 4. — Europe climatérique.

Cartons : Pluies.

N° 5. — Europe ethnographique.

Cartons : Expansion européenne. — Densité de la population.

N° 6. — Europe politique (**carte d'ensemble**).

N° 7. — La Méditerranée.

Cartons : Les seuils de la Méditerranée. — Canal de Suez.

N° 8. — Les Alpes.

Cartons : Géologie. — Alpes Bernoises. — Profil des Alpes de l'Est à l'Ouest. — Pentes comparées des deux versants alpestres, sud et nord.

N° 9. — Le Rhin.

Cartons : Géologie. — Domaine hydrographique du Rhin. — Plan de Strasbourg.

N° 10. — Le Danube.

N° 11. — Iles britanniques (**carte physique**).

Cartons : Carte géologique. — Ile Valentia et Câbles télégraphiques. — Manchester. — Londres et le cours inférieur de la Tamise.

N° 12. — Iles Britanniques (**carte politique**).

Cartons : Superficie comparée des Iles Britanniques et de la France. — Carte économique. — Bassins houillers. — Production comparée de la houille en France et en Angleterre. — Région industrielle du Lancashire. — Région industrielle du Staffordshire.

N° 13. — Belgique et Hollande (**carte physique**).

Cartons : Superficie comparée de la France, de la Belgique et de la Hollande. — Géologie. Liége. — Namur. — Carte économique.

N° 14. — Belgique et Hollande (**carte politique**).

Cartons : Coupe des Ardennes. — Canaux franco-belges.

N° 15. — Scandinavie (**carte physique**).

Cartons : Superficie comparée de la France, de la Suède, de la Norvège et du Danemark. — Géologie. — Copenhague et le Sund. — Le Sogne-fiord.

N° 16. — Scandinavie (**carte politique**).

Cartons : Scandinavie économique. — Répartition du sol en Suède et en Norvège. — Islande. — Coupe des Alpes Scandinaves.

N° 17. — Russie physique.

Cartons : Superficie comparée de la Russie et de la France. — Géologie. — Répartition du sol de la Russie. — Principales sources de pétrole du Caucase. — La Pologne au XVIIIe siècle.

N° 18. — Russie politique et économique.

Cartons : La Russie en Europe. — Ethnographie de la Russie. — Profil du Caucase de l'Est à l'Ouest. — Coupe du Caucase du Nord au Sud. — Les Crues de la Volga. — Températures moyennes d'été et d'hiver. — Saint-Pétersbourg et Kronstadt.

N° 19. — Autriche-Hongrie (**carte physique**).

Cartons : Superficie comparée de la France et de l'Autriche-Hongrie. — Géologie. — Domaine hydrographique du Danube. — Ethnographie.

N° 20. — Autriche-Hongrie (**carte politique**).

Cartons : Carte économique de l'Autriche-Hongrie. — Carte économique de la Bohême. — Le Danube aux Portes de fer.

N° 21. — Allemagne physique.

Cartons : Géologie. — Régime des pluies. — Embouchure de l'Elbe.

N° 22. — Allemagne politique.

Cartons : Superficie comparée de l'Allemagne et de la France. — Carte économique de l'Allemagne. — Région industrielle de la Ruhr. — Région industrielle de la Saxe.

N° 23. — Suisse physique.

Cartons : Superficie comparée de la France et de la Suisse. — Géologie. — Genève et ses environs. — Profil du tunnel du Saint-Gothard. Plan du tunnel.

N° 24. — Suisse politique.

Cartons : Carte économique de la Suisse. — Langues. — Pluies. — Lac de Genève. — Bale et ses environs. — Coupe par le Saint-Gothard de la plaine suisse et de la Suisse montueuse.

N° 25. — Espagne et Portugal (**carte physique**).

Cartons : Superficie comparée de la France, du Portugal et de l'Espagne. — Géologie. — Détroit de Gibraltar.

N° 26. — Espagne et Portugal (**carte politique**).

Cartons : Carte économique. — Lisbonne et l'embouchure du Tage. — Cadix.

N° 27. — Italie physique.

Cartons : Géologie. — Environs de Rome. — Environs de Naples.

N° 28. — Italie politique.

Cartons : Superficie comparée de la France et de l'Italie. — Carte économique. — Principaux canaux de la plaine du Pô. — Palmanova.

N° 29. — Péninsule des Balkans (**carte physique**).

Cartons : Superficie comparée de la France, de la Turquie, de la Roumanie, de la Serbie, du Monténégro et de la Grèce. — Géologie. — Constantinople et le Bosphore. — Athènes.

N° 30. — Péninsule des Balkans (**carte politique**).

Cartons : Carte économique. — Races. — Provinces de la Grèce ancienne.

N° 31. — La Grèce.

Carton : L'Ile de Crète.

EUROPE

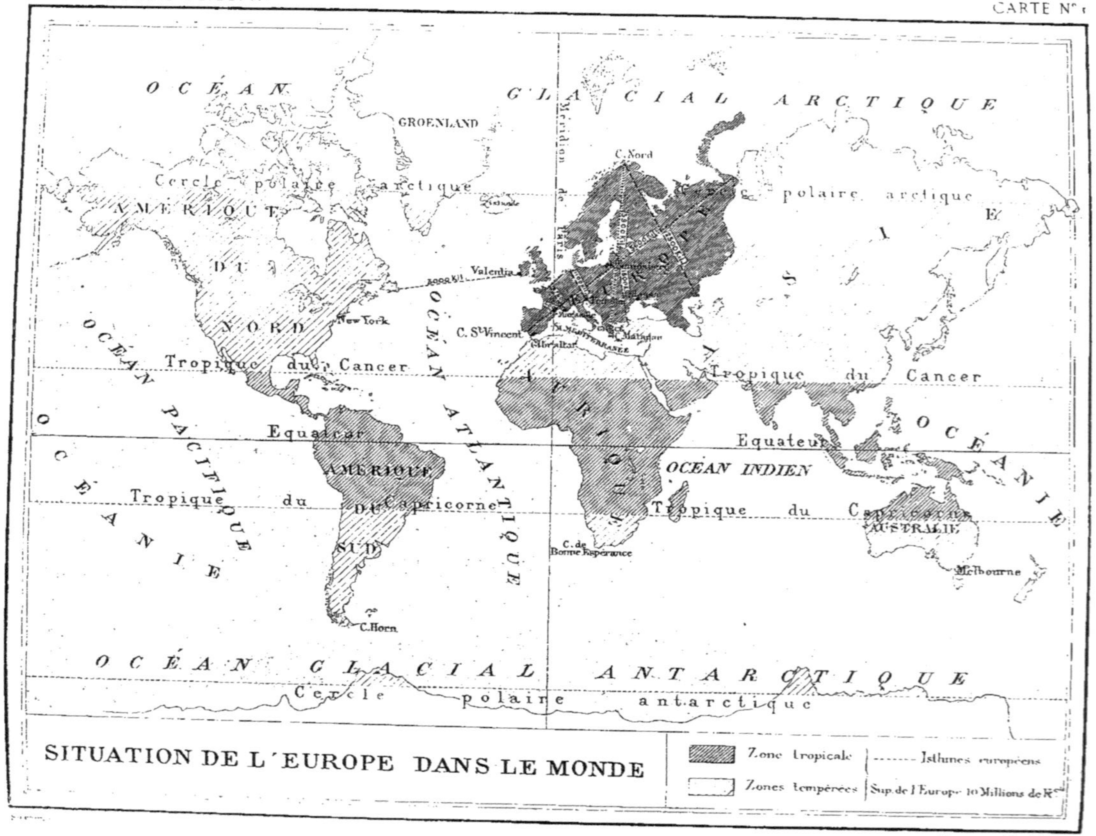

MARCEL DUBOIS & SIEURIN

CARTE N° 1

OCÉAN GLACIAL ARCTIQUE

GROENLAND

Cercle polaire arctique

AMÉRIQUE DU NORD

New York

Valentia

C. Nord

Méridion de Paris

ASIE

C. St Vincent

Gibraltar

Tropique du Cancer

OCÉAN ATLANTIQUE

OCÉAN PACIFIQUE

AFRIQUE

Equateur

AMÉRIQUE DU SUD

Tropique du Capricorne

OCÉAN INDIEN

OCÉANIE

AUSTRALIE

Melbourne

C. de Bonne Espérance

C. Horn

OCÉAN GLACIAL ANTARCTIQUE

Cercle polaire antarctique

SITUATION DE L'EUROPE DANS LE MONDE

Zone tropicale

Zones tempérées

Isthmes européens

Sup. de l'Europe 10 Millions de K^q

Masson et Cie, éditeurs.

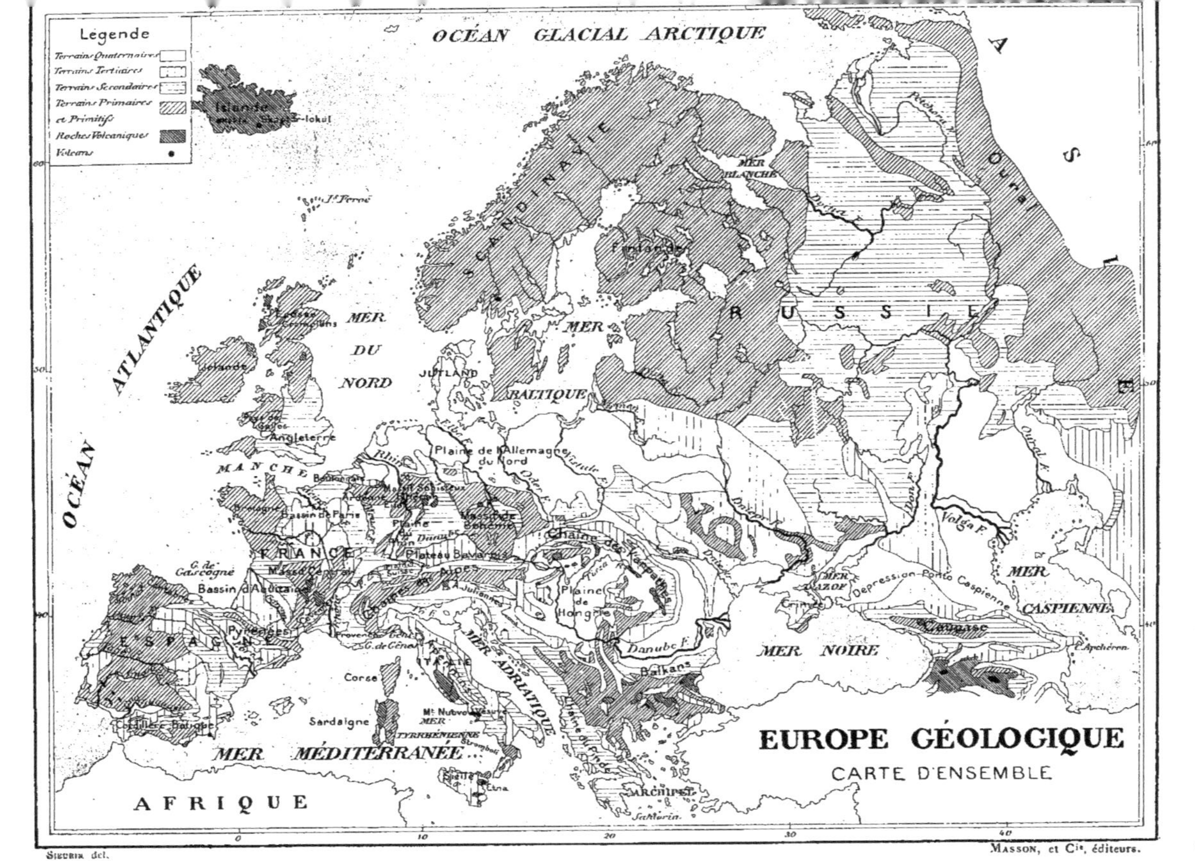

Legende
Terrains Quaternaires
Terrains Tertiaires
Terrains Secondaires
Terrains Primaires et Primitifs
Roches Volcaniques
Volcans
OCÉAN GLACIAL ARCTIQUE
OCÉAN ATLANTIQUE
Islande
SCANDINAVIE
MER BLANCHE
Finlande
RUSSIE
Oural
ASIE
MER DU NORD
MER BALTIQUE
JUTLAND
Irlande
Angleterre
MANCHE
Plaine de l'Allemagne du Nord
Bassin de Paris
FRANCE
G. de Gascogne
Bassin d'Aquitaine
Pyrénées
ESPAGNE
Chaîne des Karpathes
Plaine de Hongrie
Danube F.
Balkans
MER NOIRE
MER D'AZOF
Crimée
Dépression Ponto Caspienne
MER CASPIENNE
Caucase
Volga F.
Oural F.
Don F.
Dniepr F.
Plateau Bavarois
Alpes
G. de Gênes
Corse
Sardaigne
ITALIE
MER ADRIATIQUE
MER TYRRHÉNIENNE
Etna
MER MÉDITERRANÉE
ARCHIPEL
AFRIQUE
EUROPE GÉOLOGIQUE
CARTE D'ENSEMBLE
Sieurin del.
Masson, et Cie, éditeurs.

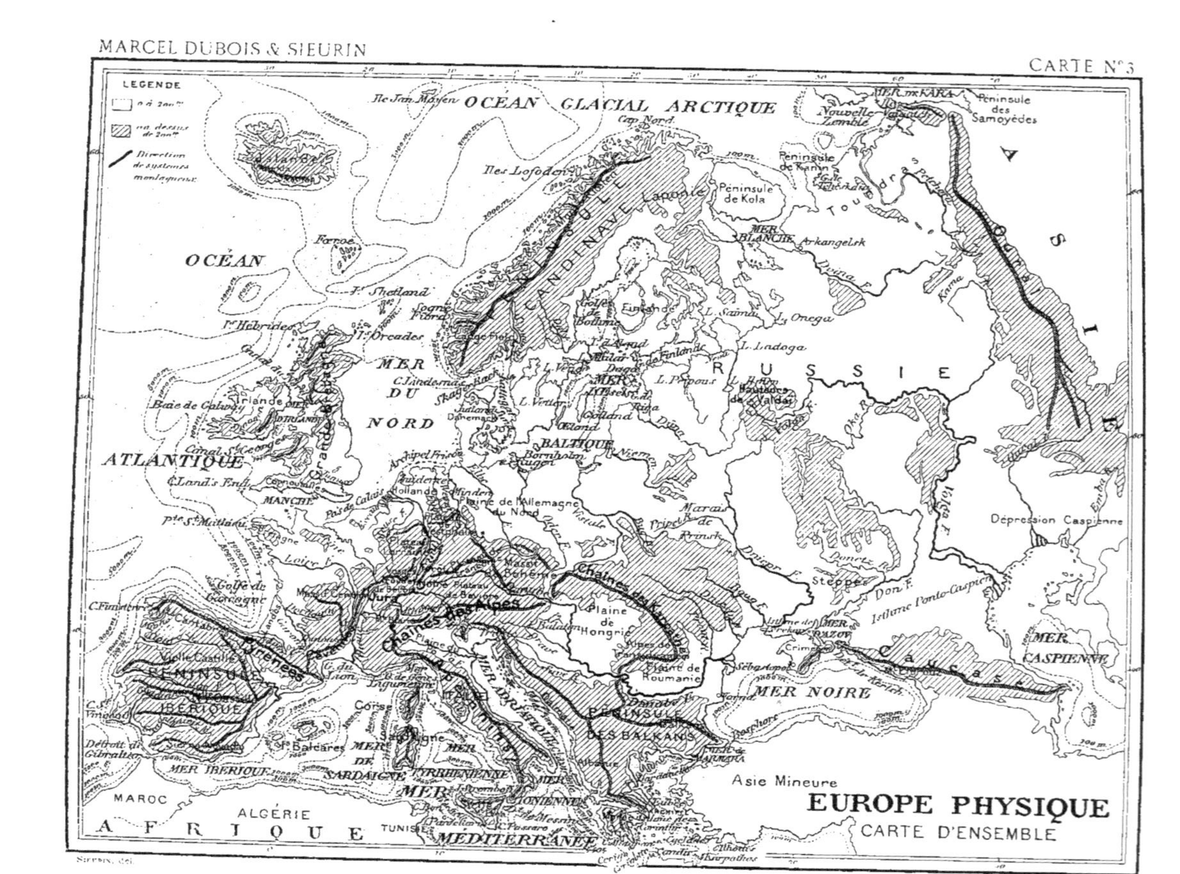

MARCEL DUBOIS & SIEURIN
CARTE N° 3
LEGENDE
Direction de systèmes montagneux
OCÉAN GLACIAL ARCTIQUE
Ile Jan Mayen
Cap Nord
Iles Lofoden
Nouvelle Zemble
MER DE KARA
Péninsule des Samoyèdes
Péninsule de Kanin
Péninsule de Kola
MER BLANCHE
Arkangelsk
Toundras
A S I E
OCÉAN
ATLANTIQUE
Faroé
Shetland
Hébrides
Orcades
Irlande
Baie de Galway
C. Land's End
MANCHE
MER DU NORD
Laponie
SCANDINAVE
Golfe de Bothnie
Finlande
L. Saïma
L. Onega
L. Ladoga
R U S S I E
Hauteurs de Valdaï
L. Peipous
Riga
Gotland
Œland
BALTIQUE
Bornholm
Rugen
Archipel Frison
Hollande
Pas de Calais
Plaine de l'Allemagne du Nord
Odra F.
Vistule
Niemen
Marais de Pinsk
Dniepr F.
Steppes
Don F.
Volga F.
Kama
Dépression Caspienne
Isthme Ponto-Caspien
MER CASPIENNE
Caucase
MER D'AZOV
Crimée
Sébastopol
MER NOIRE
C. Finistère
Golfe de Gascogne
Pyrénées
PÉNINSULE IBÉRIQUE
Vieille Castille
Détroit de Gibraltar
MER IBÉRIQUE
Baléares
Corse
Sardaigne
MER DE SARDAIGNE
MER TYRRHÉNIENNE
MER ADRIATIQUE
MER IONIENNE
MER MÉDITERRANÉE
Jura
Chaînes des Alpes
Plaine de Hongrie
Chaînes des Karpathes
Plaine de Roumanie
Danube
PÉNINSULE DES BALKANS
MER DE MARMARA
Asie Mineure
MAROC
ALGÉRIE
TUNISIE
A F R I Q U E
EUROPE PHYSIQUE
CARTE D'ENSEMBLE
Masson et Cie, éditeurs.

EUROPE CLIMATÉRIQUE

Limites des zones Climatériques

Lignes isothermes moyennes

Nota. le 1er chiffre indique la temp. moy. d'hiver le 2e chiffre indique la temp. moy. d'été

MOYENNE DES PLUIES ANNUELLES

moins de 0m 20

de 0m 20 à 0.60

de 0.60 à 0.130

de 0.130 à 200

plus de 200

OCÉAN GLACIAL ARCTIQUE

Zone hyperboréenne

Cercle Polaire Arctique

Zone atlantique

Zone orientale ou continentale

Zone méditerranéenne

Pluies d'Automne

Pluies d'Été

Pluies très rares

Pluies d'Hiver

Climat excessif

Vents dominants

Vents dominants chauds et pluvieux

Gulf Stream

Vents du N.E froids et secs

Vent continental

Vents chauds

OCÉAN ATLANTIQUE

MER DU NORD

MER BALTIQUE

MER NOIRE

MER CASPIENNE

MER MÉDITERRANÉE

AFRIQUE

KARPATHES

CAUCASE

BALKANS

PYRÉNÉES

Mistral

Hammerfest

C. Nord

Haparanda

Arkhangelsk

Bergen

Christiania

Stockholm

St Pétersbourg

Kazan

Moscou

Nijni-Novgorod

Orenbourg

Edimbourg

Dublin

Londres

Copenhague

Riga

Berlin

Varsovie

La Haye

Bruxelles

Brest

Paris

Nancy

Vienne

Astrakan

Lyon

Milan

Marseille

Odessa

Sébastopol

Tiflis

Bakou

Lisbonne

Madrid

Naples

Constantinople

Palerme

Alger

Athènes

Smyrne

C. Passaro

C. Matapan

SIEURIN, del.

MASSON et Cie, éditeurs.

MARCEL DUBOIS & SIEURIN

CARTE N° 5

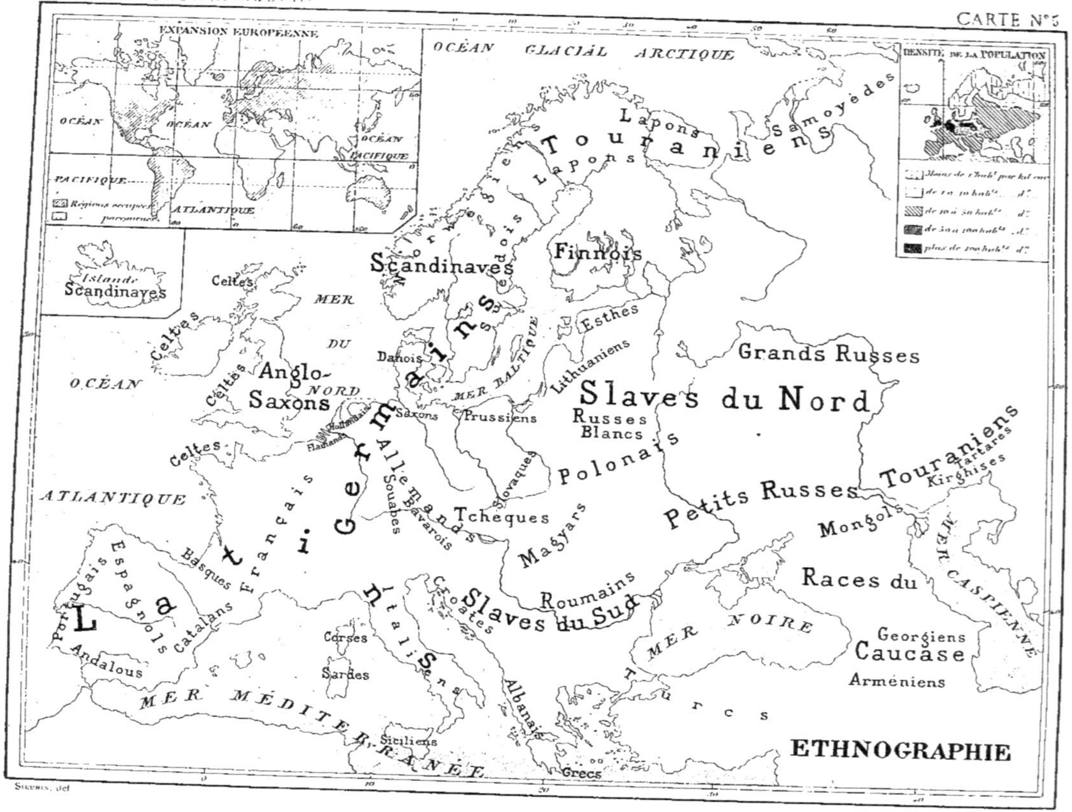

ETHNOGRAPHIE

EXPANSION EUROPÉENNE
OCÉAN
OCÉAN
OCÉAN PACIFIQUE
PACIFIQUE
ATLANTIQUE
Régions occupées
parcourues

DENSITÉ DE LA POPULATION
Moins de 1 hab.t par kil. car.
de 1 à 10 hab.ts d.°
de 10 à 50 hab.ts d.°
de 50 à 100 hab.ts d.°
plus de 100 hab.ts d.°

OCÉAN GLACIAL ARCTIQUE
Islande
Scandinaves
Lapons
Touraniens
Samoyèdes
Lapons
Norwégiens
Suédois
Scandinaves
Finnois
Celtes
MER DU NORD
Celtes
Anglo-Saxons
Celtes
Danois
Germains
Esthes
MER BALTIQUE
Lithuaniens
Grands Russes
Slaves du Nord
Russes Blancs
Prussiens
Saxons
Hollandais
Flamands
Allemands
Souabes
Bavarois
Slovaques
Polonais
Tchèques
Magyars
Petits Russes
Touraniens
Tartares
Kirghises
Mongols
MER CASPIENNE
OCÉAN
ATLANTIQUE
Français
Latins
Basques
Espagnols
Portugais
Catalans
Andalous
Corses
Sardes
Italiens
Siciliens
Croates
Slaves du Sud
Roumains
Races du Caucase
Géorgiens
Arméniens
MER NOIRE
Albanais
Turcs
Grecs
MER MÉDITERRANÉE

Sieurin, del.

Masson et Cie, éditeurs.

MARCEL DUBOIS & SIEURIN

CARTE N° 6

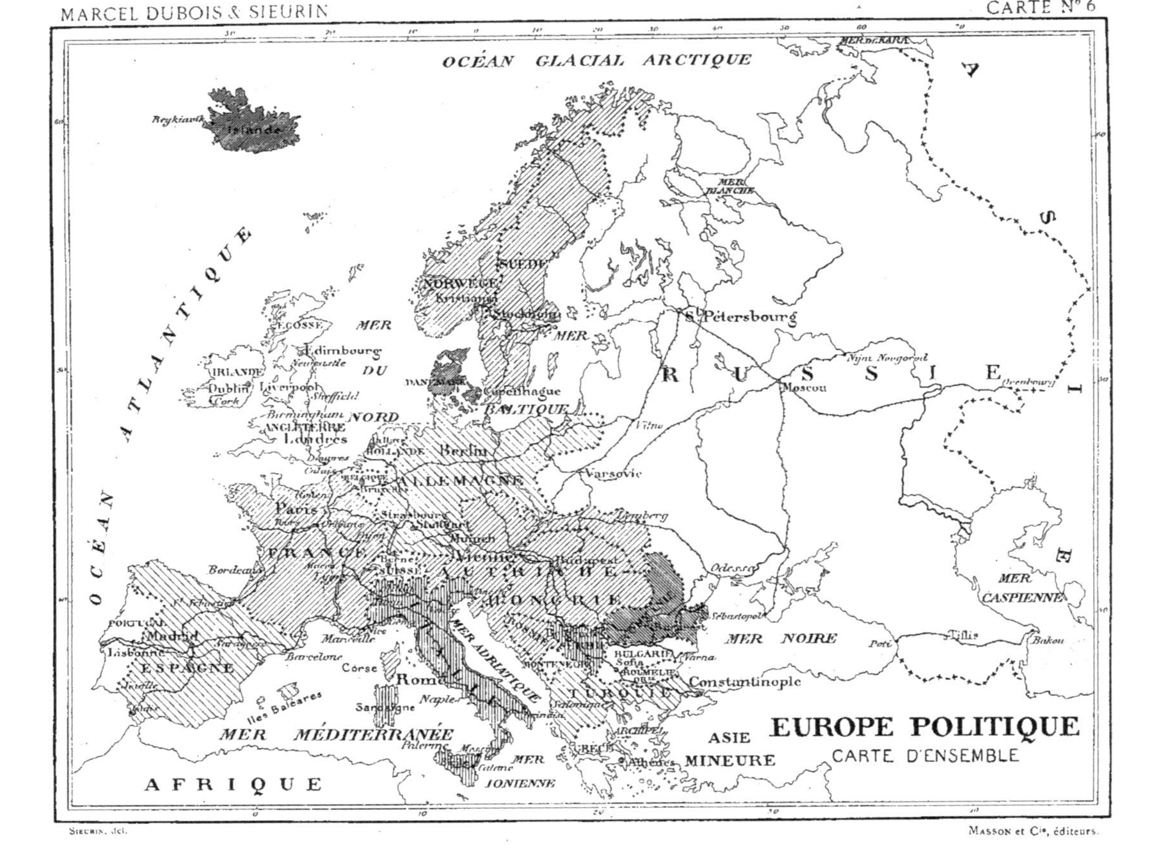

SIEURIN, del.

MASSON et Cie, éditeurs.

LA MÉDITERRANÉE

— Lignes de navigation françaises

------ Lignes de navigation étrangères

Lignes ferrées concurrentes en Europe

LES SEUILS DE LA MÉDITERRANÉE

Canal de Suez

du Hâvre	à New-York	8 jours
	à Colon	29 j.
de St Nazaire	aux Antilles	14 j.
de Bordeaux	à Buenos Ayres	21 j.
de Malaga	à Nemours	17 heures
de Port Vendres	à Oran	52 h.
de Cette	à Alger	52 h.
de Marseille	à Barcelone	13 h.
	à Pernambouc	16 jours
	au Congo	16 j.
	à Alger	30 heures
	à Philippeville	29 h.
	à Tunis	35 h.
	à Naples	46 h.
	à Palerme	46 h.
	à Alexandrie par Malte	6 jours
	à Alexandrie - Naples	7 j.
	à Constantinople	8 j.
	à Port-Saïd	8 j.

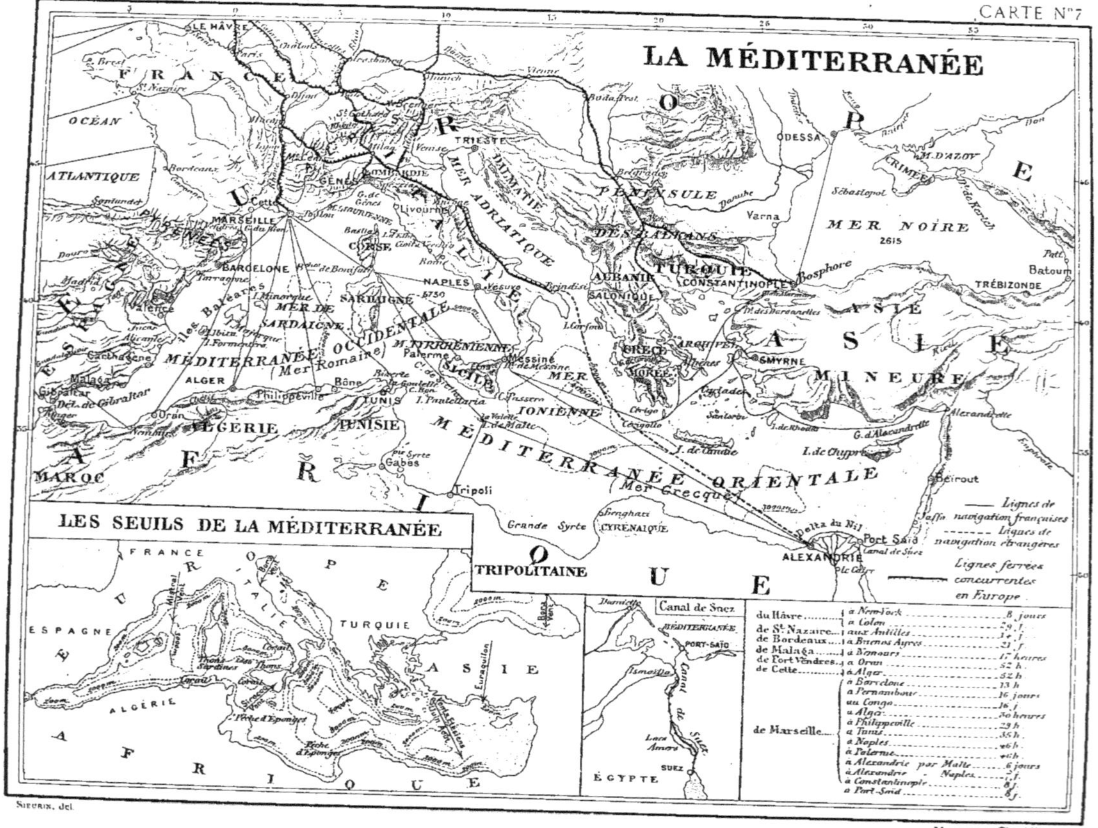

SIEURIN, del.

MASSON et Cie, éditeurs.

LES ALPES

PROFIL DES ALPES

PENTES COMPARÉES DES DEUX VERSANTS ALPESTRES SUD ET NORD

de 0 à 100m.

de 100 à 500m.

de 500 à 1000m.

au-dessus de 1000m.

Direction des systèmes montagneux

Chemins de fer

ALPES BERNOISES

ALPES GÉOLOGIQUES

Sieurin, del.

Masson et Cie, éditeurs.

LE RHIN

Plan de Strasbourg
Plaine du Nord
MER DU NORD
Zuiderzée
Vieux Rhin
Leck
Waal
Nimègue
Wesel
Essen
Ruhrort
Duisbourg
Dusseldorf
Krefeld
Meuse
Bonn
EIFEL
ARDENNES
WESTERWALD
VOGELSBERG
RHON
Direction de systèmes montagneux
Coblentz
TAUNUS
SPESSART
Mayence
Bingen
HUNSRÜCK
Trèves
Moselle
Mannheim
Heidelberg
Plateau de Lorraine
Plateau de Wurtemberg
JURA FRANCONIEN
VOSGES
Plaine d'Alsace
Karlsruhe
Stuttgard
Nancy
Strasbourg
FORÊT NOIRE
SOUABE
Danube Fl.
Plateau de Souabe
Mts FAUCILLES
JURA
Schaffouse
Mulhouse
Bâle
Besançon
L. de Constance
Plateau Suisse
L. de Neuchâtel
L. de Genève
St Gothard
Rhône Fl.
Aisne R.
Marne R.
Seine
Saône R.
Doubs R.
le Domaine hydrographique du Rhin
Terrains Quatern.
Tertiaires
Second.
Primaires
Roches
de 0 à 200
de 200 à 500
de 500 à 1000
au dessus de 1000

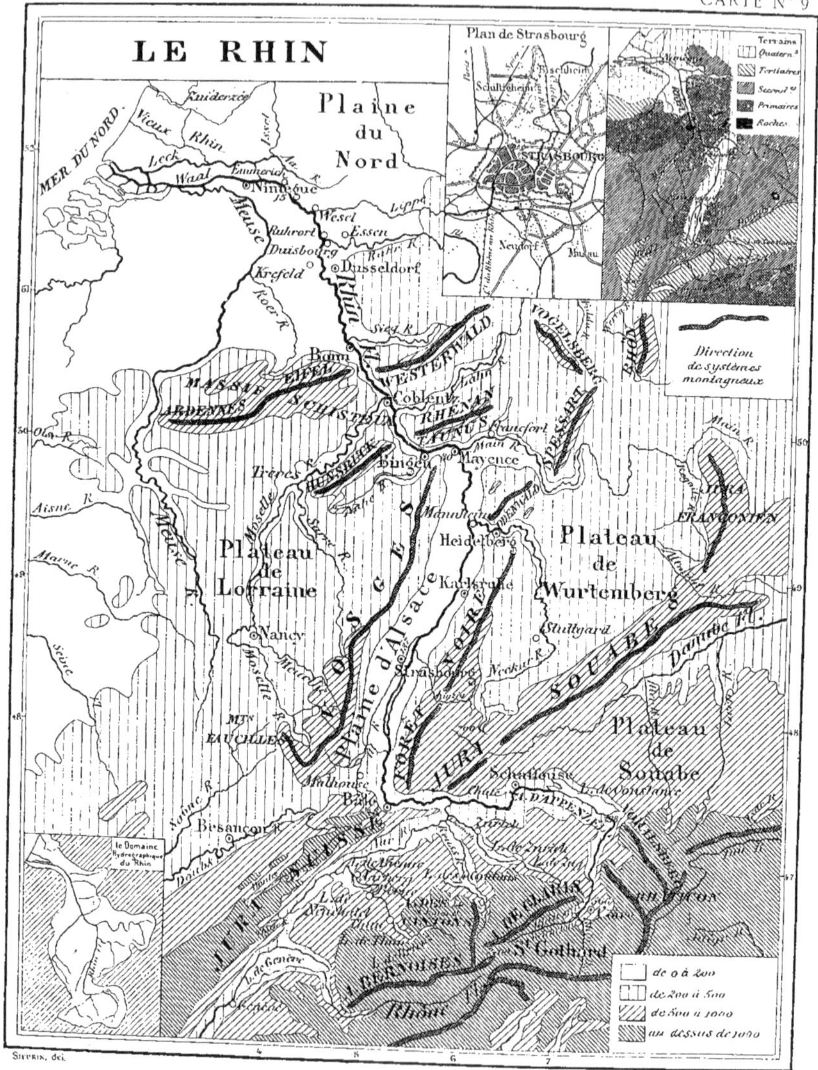

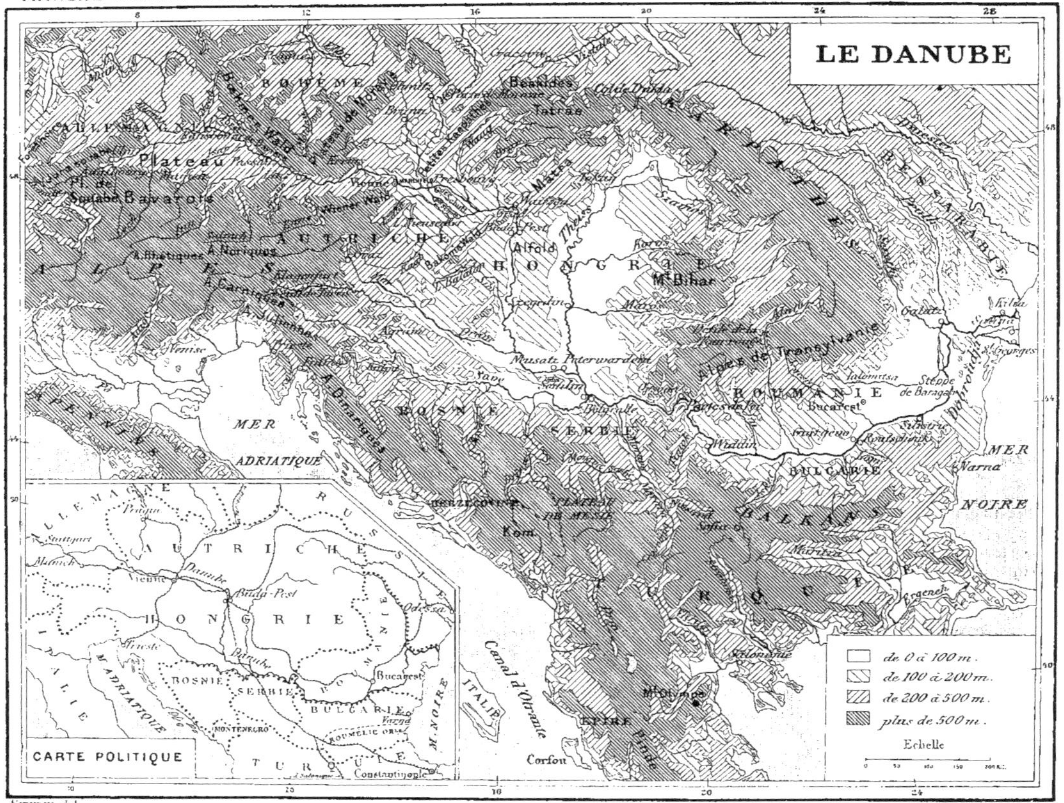

LE DANUBE

SIEURIN. del.

MASSON et Cie, éditeurs.

ILES BRITANNIQUES

CARTE PHYSIQUE

CARTE GÉOLOGIQUE

Roches Volcan. — T.res Quatern. — T.res Tertiaire — T.re Crétacé — Jurassique et Trias (T.res Second.res) — T.res Primaires et primitifs

France 535 — Iles Brit.es 515

de 0 à 150m.
de 150 à 300m.
de 300 à 600m.
plus de 600m.

ILE VALENTIA
Câbles télégraphiques

MANCHESTER

LONDRES _ Cours inférieur de la Tamise

Sieurin, del.

Masson et Cie, éditeurs.

ILES BRITANNIQUES

CARTE POLITIQUE

Nota: Les chiffres indiquent la superficie en 1000 kil. carrés. Cette observation s'applique à toutes les cartes.

Sieurin, del. MASSON et Cie, Éditeurs.

Sieurin, del.

Masson et Cie, éditeurs.

BELGIQUE ET HOLLANDE

CARTE POLITIQUE

Coupe des Ardennes

\+ + + + Limites d'États

\- - - - - Limites des provinces

Chemins de fer

CANAUX FRANCO-BELGES

Sieurin, del. Masson et Cie, éditeurs.

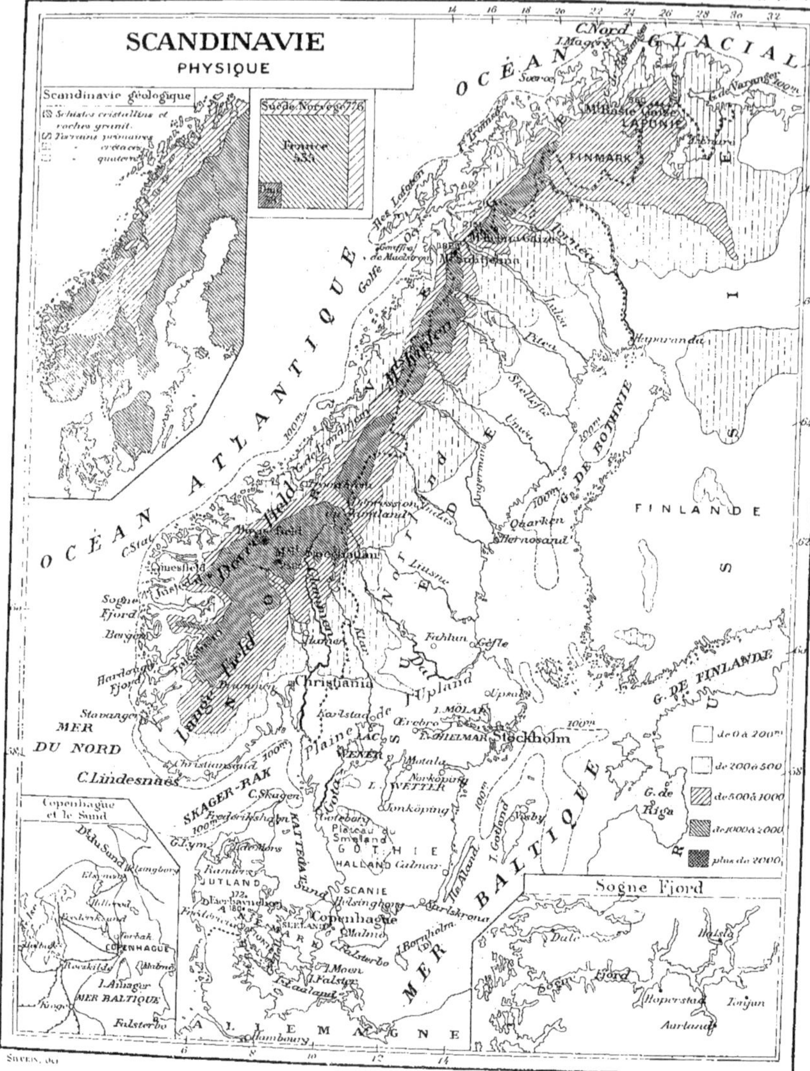

Masson et Cie, éditeurs.

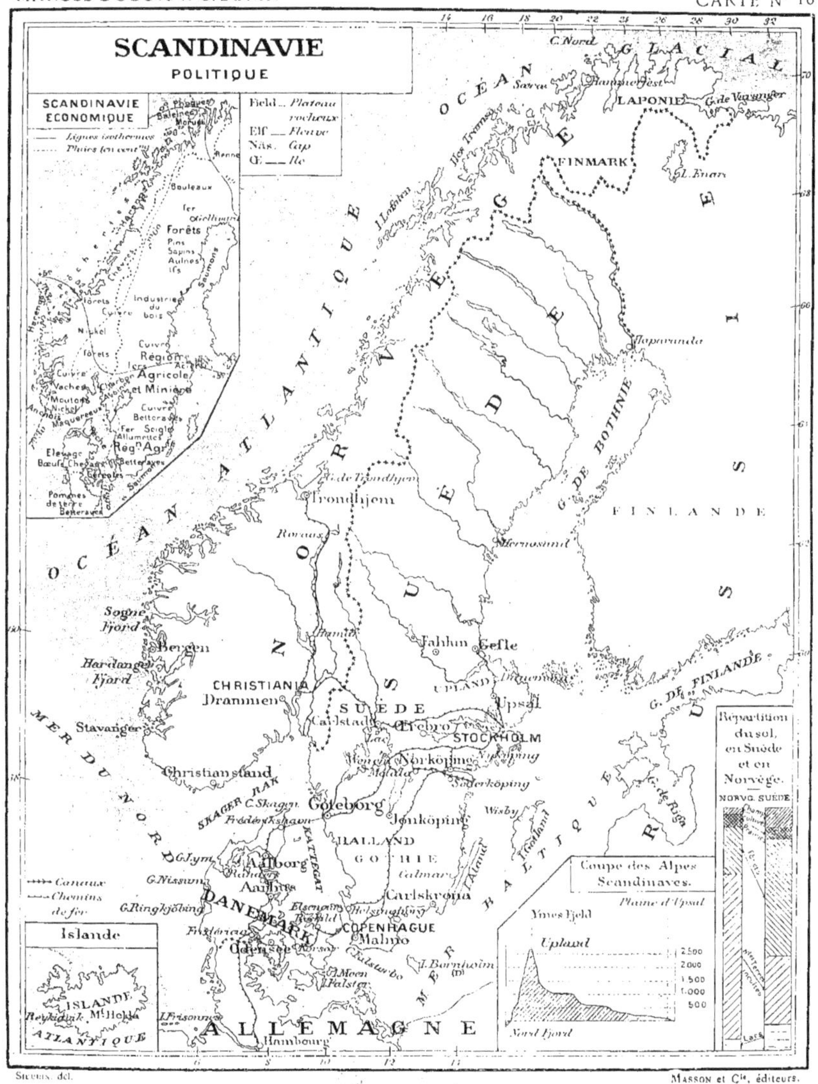
SCANDINAVIE
POLITIQUE
SCANDINAVIE ECONOMIQUE
Lignes isothermes
Pluies (en cent.)
Field _ Plateau rocheux
Elf _ Fleuve
Näs _ Cap
Œ _ Ile
Bouleaux
Forêts
Pins
Sapins
Aulnes
Ifs
Industries du bois
Cuivre
Région Agricole et Minière
Nickel
Vaches
Moutons
Maquereaux
Fer
Seigle
Allumettes
Betteraves
Elevage
Bœufs
Chevaux
Céréales
Pommes de terre
OCÉAN GLACIAL
C. Nord
LAPONIE
G. de Varanger
FINMARK
L. Enara
Iles Lofoten
Iles Tromsø
OCÉAN ATLANTIQUE
NORVÈGE
SUÈDE
Haparanda
G. DE BOTHNIE
FINLANDE
RUSSIE
G. de Trondhjem
Trondhjem
Roraas
Hernosand
Sogne Fjord
Bergen
Hardanger Fjord
Fahlun
Gefle
CHRISTIANIA
Drammen
UPLAND
Upsal
Stavanger
Carlstadt
Œrebro
STOCKHOLM
Norköping
Christiansand
Söderköping
MER DU NORD
SKAGER RAK
C. Skagen
Frederikshavn
Göteborg
Jönköping
Wisby
I. Gotland
G. de Riga
G. DE FINLANDE
KATTEGAT
HALLAND
GOTHIE
Calmar
I. Oland
Aalborg
Aarhus
Carlskrona
MER BALTIQUE
DANEMARK
COPENHAGUE
Malmö
Odensee
I. Bornholm
I. Moen
I. Falster
I. Frisonnes
ALLEMAGNE
Hambourg
Islande
ISLANDE
Reykjavik
Mt Hekla
ATLANTIQUE
Canaux
Chemins de fer
Coupe des Alpes Scandinaves.
Plaine d'Upsal
Ymes Fjeld
Upland
Nord Fjord
2.500
2.000
1.500
1.000
500
Répartition du sol, en Suède et en Norvège.
NORVG. SUÈDE

MARCEL DUBOIS & SIEURIN

CARTE N° 17

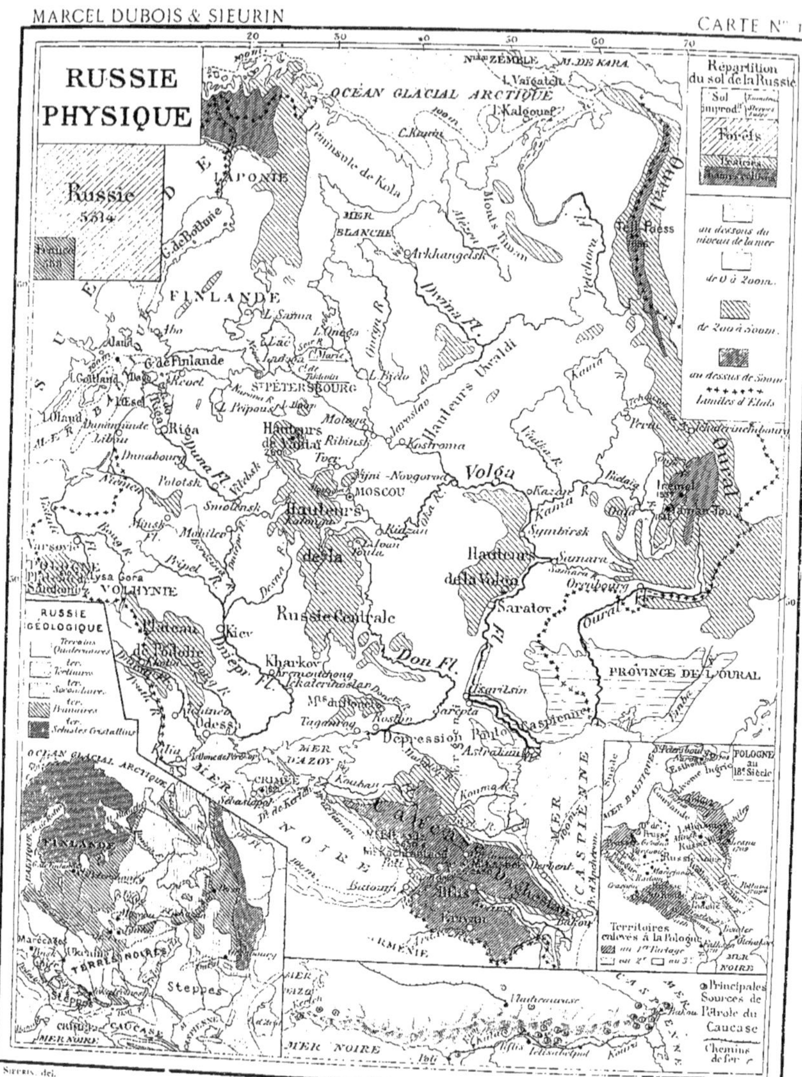

Sieurin, del.

Masson et Cie, éditeurs.

SIEURIN, del. MASSON et Cie, éditeurs.

AUTRICHE-HONGRIE CARTE PHYSIQUE

France 535

Aut.-Hong. 675

BAVIÈRE

SILÉSIE

RUSSIE

TERRES BASSES DE HONGRIE

Plaine Sableuse

Alföld

Plaine Sableuse de Coumanie

Buda-Pest

Vienne

Prague

Passau

Presbourg

Cracovie

Agram

Trieste

Pola

Szegedin

Belgrade

Raguse

Cattaro

MONTÉNÉGRO

BOSNIE

SERBIE

ROUMANIE

Valachie

Portes de Fer

Moldavie

ITALIE

MER ADRIATIQUE

TYROL

L. de Constance

L. de Garde

G. de Venise

Danube

Drave R.

Save R.

Maros R.

Theiss

Tokaj

Vistule Fl.

Oder Fl.

Dniester

Moldau R.

Elbe Fl.

Inn R.

Enns R.

L. Balaton

L. Neusiedler

RIESEN GEBIRGE

ERZ GEBIRGE

Fichtel Gebirge

0 à 100

100 à 300

300 à 500

plus de 500

DOMAINE DU DANUBE

AUTRICHE-HONGRIE Géologique

Plaine de Hongrie

AUT. HONG. Ethnographie

Tchèques

Slaves (18 Millions)

Polonais

Ruthènes

Juifs

Petits Russiens

Moraves

Slovaques

Allemands (10 Millions)

Italiens

Hongrois (6 Millions)

Roumains (2 Millions)

Slovènes

Croates

Serbes

Albanais

Grecs-Turcs

AUTRICHE-HONGRIE, CARTE POLITIQUE

SIEURIN, del.

MASSON et Cie, éditeurs.

MARCEL DUBOIS & SIEURIN

CARTE N° 21

ALLEMAGNE PHYSIQUE

de 0 à 100m.
de 100 à 300m.
de 300 à 500m.
au-dessus de 500m.

Embouchure de l'Elbe

Régime des pluies en Allemagne

ALLEMAGNE GÉOLOGIQUE

Terrains quaternaires
Terrains secondaires
Terrains tertiaires
Terr. primaires et primitifs
Roches volcaniques

Berg	Montagne
Bœhmer-Wald	F^êt de Bohême
Donnersberg	Mt du Tonnerre
Erz Gebirge	M^ts des Métaux
Franken Wald	F^êt de Franconie
Fichtel Gebirge	M^ts des Pins
Gebirge	Ch^ne de Montagnes
Hafen	Port
Haff	Golfe
Heide	Lande
Hunsruck	Dos de Chien
Rauhe-Alp	Apre-Mont
Riesen Gebirge	M^ts des Géants
Rothhaar	Cheveux Rouges
Schneeberg	M^t des Neiges
Schwarz wald	Forêt Noire
Schneekoppe	Coupole de Neige
See	Lac
Spessart	F^êt de l'Eperonier
Thal	Vallée
Thuringer Wald	F^êt de Thuringe
Thurmberg	Mt de Tour
Vogelsberg	M^t des Oiseaux
Wald	Forêt
Wester Wald	F^êt de l'Ouest

Sieurin del.

Masson et Cie, éditeurs.

ALLEMAGNE POLITIQUE

ABRÉVIATIONS	
Royaume	R
Grand Duché	G.D.
Duché	D
Principauté	P

France 535
Allemagne 540

MER BALTIQUE

MER DU NORD

DANEMARK
SCHLESWIG
Kiel
HOLSTEIN
Lubeck
Altona
Hambourg
Brême
Bremerhaven
Wilhelmshaven
Oldenbourg
OLDENBOURG (G.D.)
LAUENBOURG
MECKLEMBOURG (G.D.)
Warnemünde
Rostock
Wismar
Schwerin
Neu-Strelitz
Stettin
Swinemünde
POMÉRANIE
BRANDEBOURG
BERLIN
Francfort
HANOVRE
Hanovre
Brunswick
Magdebourg
Dessau
Leipzig
SAXE
Dresde
Chemnitz
Freiberg
Zwickau
Plauen
THURINGE
PRUSSE
Dantzig
Héla
Elbing
Kœnigsberg
Tilsitt
Bromberg
POSEN
Posen
SILÉSIE
Breslau
Waldenbourg
RUSSIE
WESTPHALIE
Ruhrort
Duisbourg
Crefeld
Dortmund
Elberfeld
Barmen
Iserlohn
Dusseldorf
Cologne
Aix-la-Chapelle
PROVINCE RHÉNANE
Bonn
Coblentz
NASSAU
HESSE
Francfort
Bingen
Mayence
Darmstadt
Mannheim
Heidelberg
PALATINAT
Vurtzbourg
Nuremberg
Ratisbonne
BAVIÈRE (R)
Augsbourg
Munich
Danube
Karlsruhe
Stuttgart
WURTEMBERG (R)
Ulm
Fribourg
LORRAINE
PAYS D'EMPIRE
Metz
Strasbourg
ALSACE
Colmar
Guebwiller
Mulhouse
Bâle
L. de Constance
SUISSE
AUTRICHE-HONGRIE
HOLLANDE
BELGIQUE
FRANCE

Région industrielle de la Saxe.

Région industrielle de la Ruhr

ALLEMAGNE ÉCONOMIQUE

Régions industrielles

Température moyenne

SIEURIN, del.

MASSON et Cie, éditeurs.

SUISSE PHYSIQUE

de 300 à 500 m.

de 500 à 1000 m.

au-dessus de 1000 m.

Direction des Mouvem^ts montagneux

PLAN DU TUNNEL

PROFIL DU TUNNEL DU St GOTHARD

SUISSE GÉOLOGIQUE

Terrains primitifs et primaires

Terr^ts secondaires

Terr^ts tertiaires

Terr^ts quaternaires

Sieurin, del.

Masson et Cie, éditeurs.

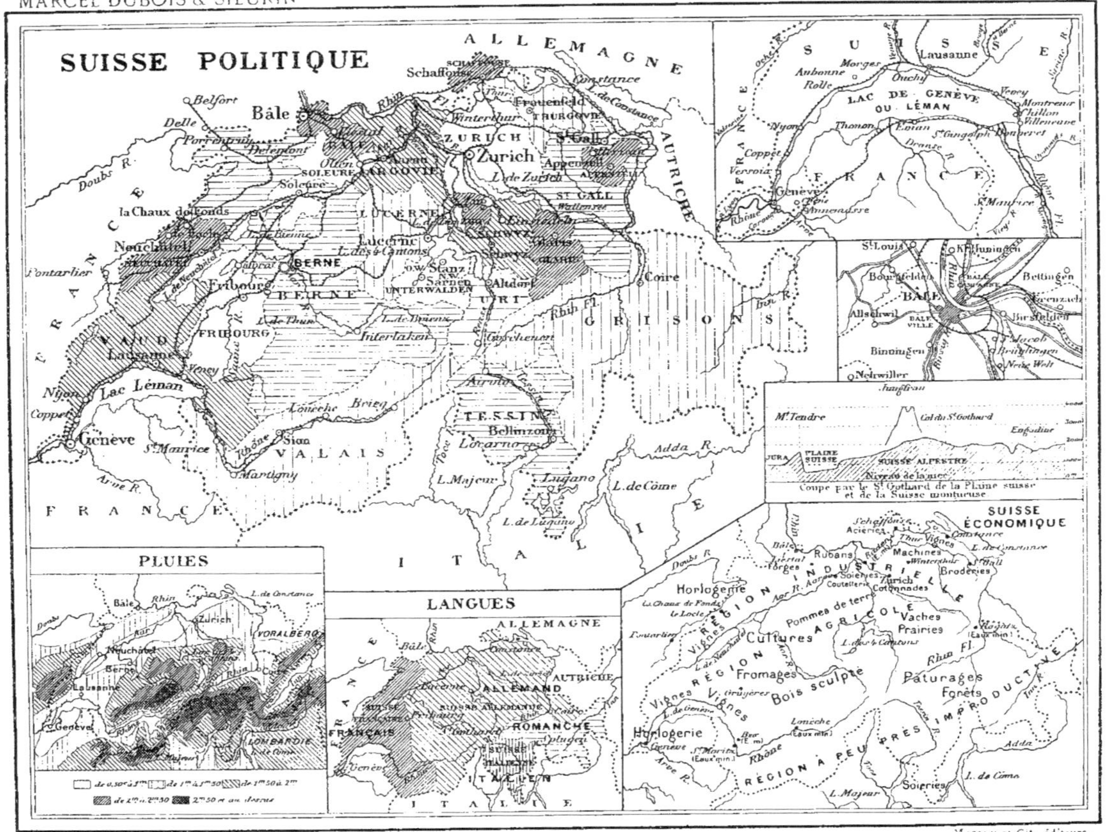

SUISSE POLITIQUE

ALLEMAGNE
FRANCE
AUTRICHE
ITALIE

Bâle
Schaffouse
Zurich
St Gall
Appenzell
Lucerne
BERNE
Fribourg
Neuchâtel
la Chaux de Fonds
Soleure
Coire
Sion
Lausanne
Genève
Lac Léman
VAUD
VALAIS
TESSIN
GRISONS
URI
UNTERWALDEN
SCHWYZ
GLARIS
ARGOVIE
THURGOVIE
ZURICH
LUCERNE
FRIBOURG

LAC DE GENÈVE OU LÉMAN

BÂLE

Coupe par le St Gothard de la Plaine suisse et de la Suisse montueuse

SUISSE ÉCONOMIQUE

RÉGION INDUSTRIELLE
RÉGION AGRICOLE
RÉGION À PEU PRÈS IMPRODUCTIVE

PLUIES

de 0,50 à 1m — de 1m à 1m50 — de 1m50 à 2m — de 2m à 2m50 — 2m50 et au dessus

LANGUES

ALLEMAND
FRANÇAIS
ROMANCHE
ITALIEN

SIEURIN, del.
MASSON et Cie, éditeurs.

ESPAGNE ET PORTUGAL

CARTE PHYSIQUE

France 555

Espagne 500

de 0 à 200m

de 200 à 500m

de 500 à 1000m

au dessus de 1000m

ESPAGNE GÉOLOGIQUE

Détroit de Gibraltar

Sieurin, del.

Masson et Cie, éditeurs.

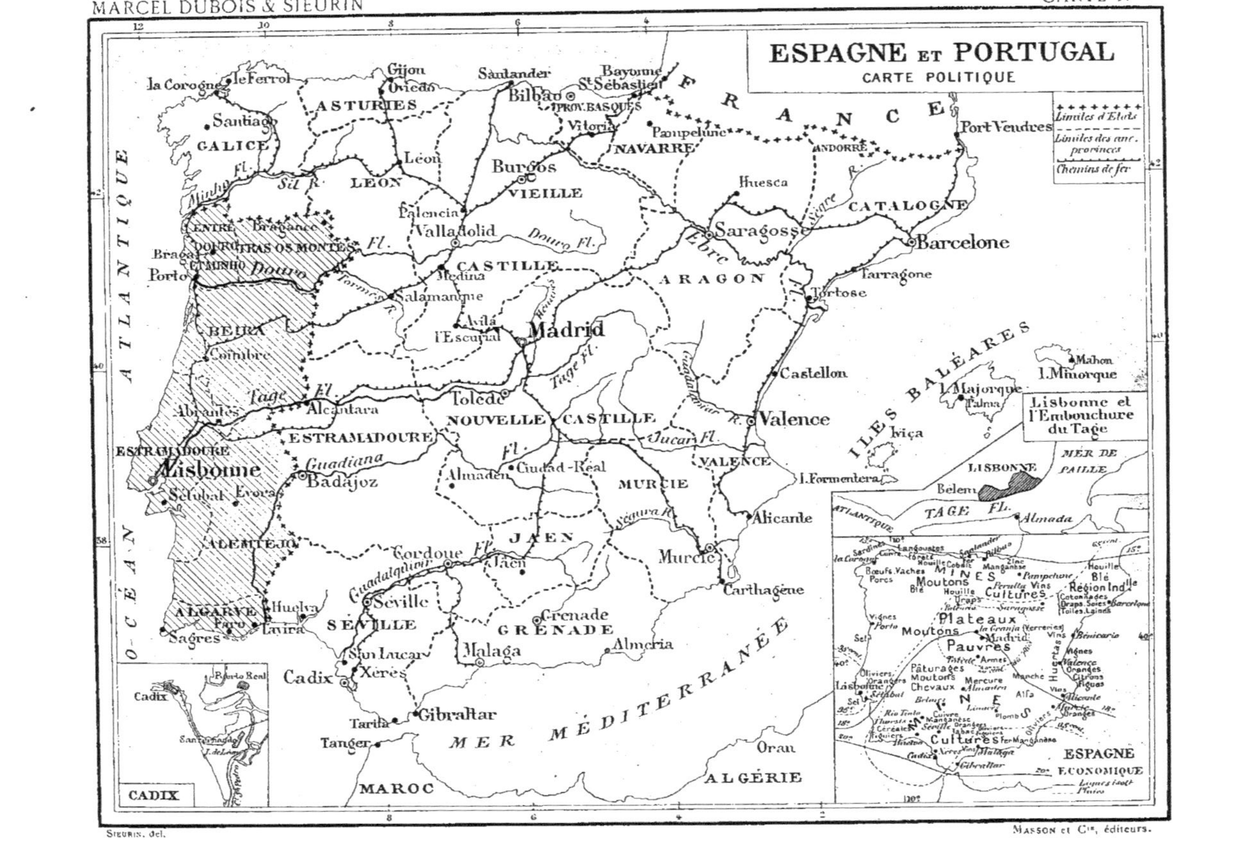

SIEURIN, del.
MASSON et Cie, éditeurs.

ITALIE PHYSIQUE

ITALIE GÉOLOGIQUE

Roches volcaniq.ˢ — Terr.ˢ secondaires

Terrains primit.ˢ et primaires — Terr.ˢ tertiaires

Terr.ˢ quaternaires

ENVIRONS DE ROME

ENVIRONS DE NAPLES

de 0 à 300 m.

de 300 à 500 m.

de 500 à 1000 m.

au dessus de 1000 m.

SIEURIN, del.

MASSON et Cⁱᵉ, éditeurs.

MARCEL DUBOIS & SIEURIN

CARTE N° 28

SIEURIN, del.

MASSON et Cie, éditeurs.

MARCEL DUBOIS & SIEURIN

CARTE N° 29

Sieurin, del.

Masson et Cie, éditeurs.

MARCEL DUBOIS & SIEURIN — CARTE N° 30

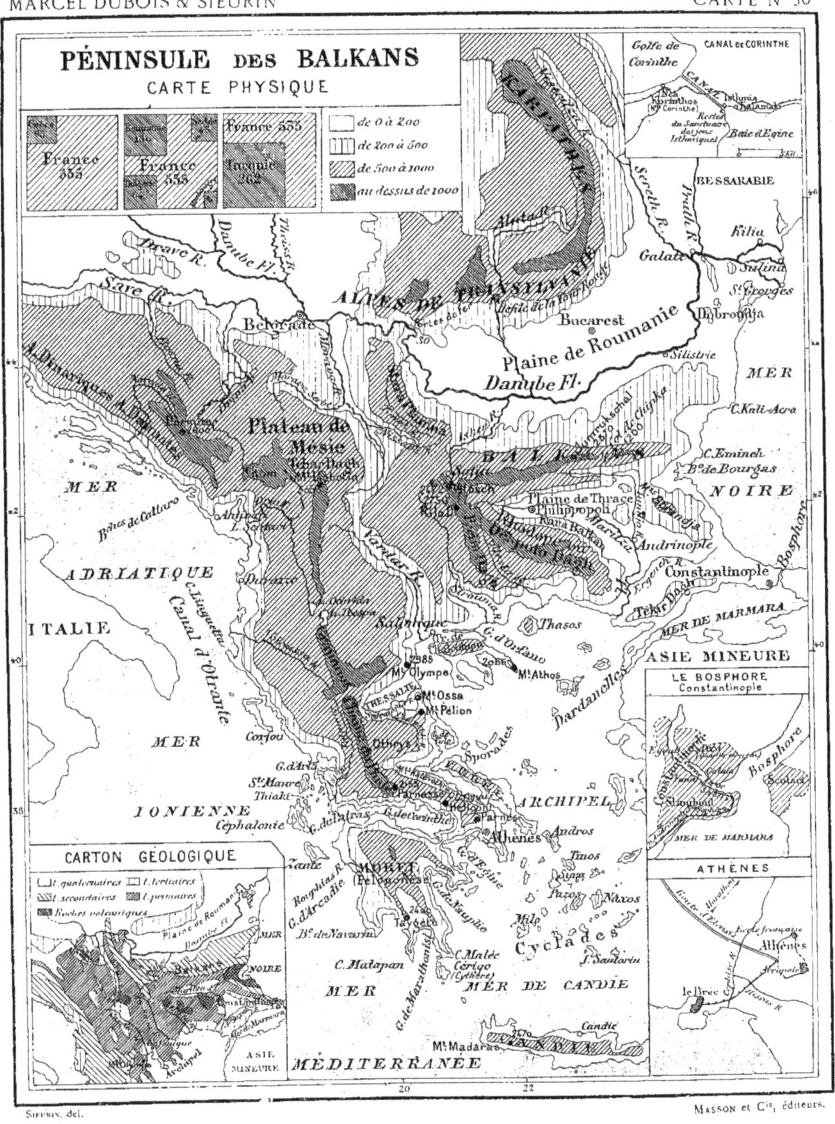

Sieurin, del. — Masson et Cie, éditeurs.

LA GRÈCE

Echelle

10 0 20 40 60 Kil.

Mt Olympe
Mt Ossa
G. de Salonique
Larissa
THESSALIE
Mt Pélion
Jannina
ÉPIRE
Corfou
Paxos
Philippiades
Pharsale
Mt Khassidiari
G. de Volo
SPORADES DU NORD
Skyros
Actium
Leucade (Ste Maure)
Chaîne de l'Othrys
Mts d'Étolie
Mt Œta
Thermopyles
G. d'Atalante
Mt Delphi
EUBÉE
Chalcis
Mt Parnasse
Ithaque
Missolonghi
BÉOTIE
Hélicon
Thèbes
G. de Patras
Patras
Golfe de Corinthe
CÉPHALONIE
Érymanthe
Kheimos
Marathon
Pentélique
I. Salamine
ATHÈNES
Le Pirée
ZANTE
Zante
ÉLIDE
Corinthe
G. d'Égine
ARGOLIDE
I. Égine
Laurion
Zea
Plateau d'Arcadie
Argos
Nauplie
Pt de Méthana
G. d'Arcadie
MORÉE
G. de Nauplie
Hydra
Thermia
Sériphos
Messène
Sparte
Kalamata
Bc de Navarin
G. de Coron
Milos
G. de Marathonisi
C. Malée
C. Matapan
I. Cérigo (Cythère)

SUPERFICIE COMPARÉE

Grèce 65

France 535

C. Spada
la Canée
I. Standia
CANDIE
Rethymno
Mt Ida
G. de Mirabella
C. Sidéro
Sélino
Sphakia
C. Lithinos
Hierapetra

ILE DE CRÈTE

de 0 à 200 m.

de 200 à 500 m.

de 500 à 1000 m.

de 1000 à 2000 m.

plus de 2000 m

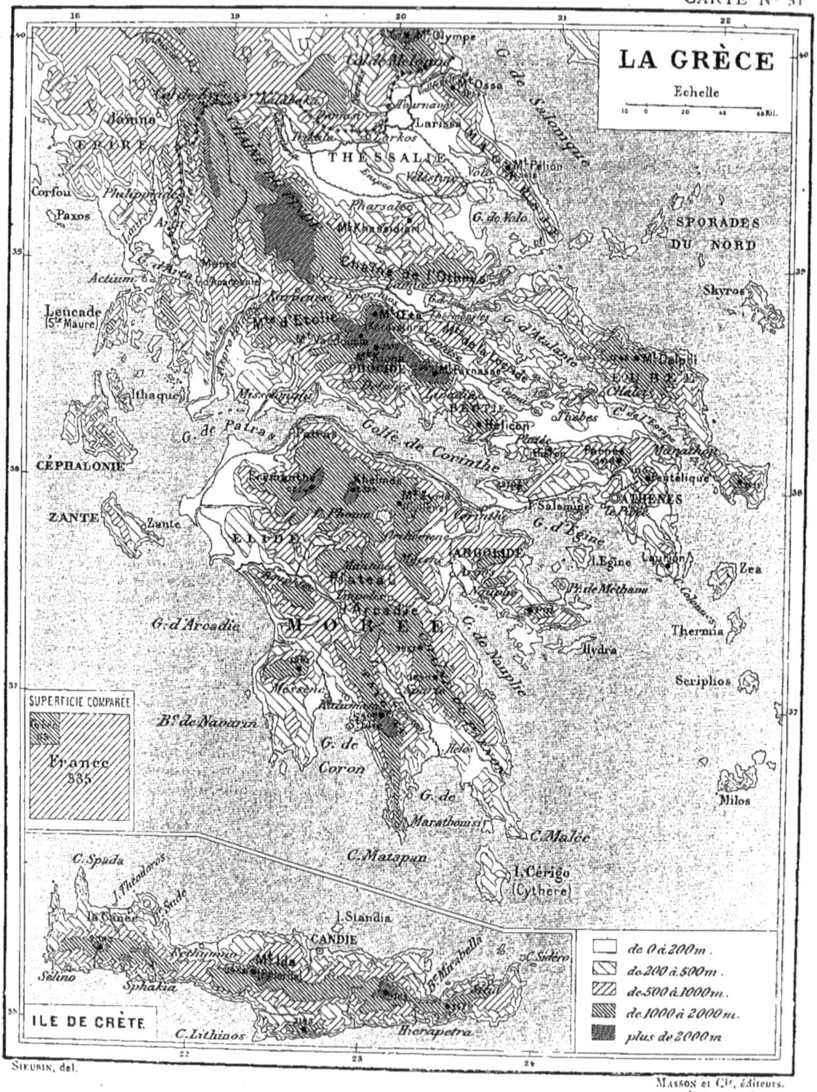

SIEURIN, del.

MASSON et Cie, éditeurs.

www.ingramcontent.com/pod-product-compliance
Ingram Content Group UK Ltd.
Pitfield, Milton Keynes, MK11 3LW, UK
UKHW020456230726
13925UKWH00005B/1965

9 782014 020113